AF502842

A Colmar
chez
Xavier Fontaine le cadet,
Libraire,
vis-à-vis du Palais.

ESSAI PARTICULIER

DE

POLITIQUE,

Dans lequel on propose un partage de la Turquie européenne.

PAR MONSIEUR C***

Quand la force a des droits, la raison les balance,
La Politique ainsi devient une science.
Ses secrets, ses ressorts sont alors dans vos mains.
Vous conseillez les Rois, sans trahir les humains.

M. C. Epitre aux Philosophes.

A CONSTANTINOPLE.

M. DCC. LXXVII.

PARTICULIERE

DE

POLITIQUE

Par Monsieur ***

CONSTANTINOPLE

M.DCC...

AVANT-PROPOS.

Le talent que j'eftime le plus & celui que l'on doit chercher à perfectionner en foi, eft de favoir en tout genre & en toute occafion diftinguer le vrai du faux. Le feul bien que je puiffe faire aux hommes eft de leur offrir dans un livre les vérités que j'ai découvertes ou méditées. Si j'étais Roi, je pourrais faire mieux: je leur prouverais par de fages loix & de bons confeils que ce n'eft que la vérité qui peut rendre les peuples & les Souverains fages & heureux. Je protégerois les hommes juftes &

vrais. Je ne fuis qu'un particulier que les livres, les voyages & l'expérience ont inftruit affez pour me donner le droit d'écrire : je remplis mon rôle , fans envier la deftinée de perfonne.

Pour cette fois , la politique & la guerre feront l'objet de cet ouvrage. Philofophe-cofmopolite , je ne fuis attaché à aucun Souverain, à aucune nation, de préférence ou d'obligation. Rien, par conféquent n'a pu me gêner dans mes combinaifons politiques. Comme je n'ai jamais en vue que le bien de l'humanité entiere, & que j'ai enfin conçu qu'on ne peut parvenir à ce bien que par des acceſſoires ſouvent funeſtes à quelques particuliers, j'ai laiſſé pour un moment la trompette de la paix, afin d'arriver plutôt à mon but.

Le Bon Abbé de Saint Pierre propoſa autrefois un projet de paix perpetuelle. Mais ſuppoſons que les Princes Chrétiens euſſent pu & voulu y conſentir, comment aurait-il perſuadé les Turcs? il faut à l'Ambition des projets & des ſpéculations. C'eſt une furie affamée qui ſe voyant pieds & poings liés ſe dévore les bras. Pour éviter cet excès il faut la laiſſer libre & lui indiquer un objet qui en la ſatis-

faifant la rendre moins coupa-
ble. L'Empire Ottoman me pa-
roît le plus propre à fubir le
joug des principaux Souverains
de l'Europe. Un Philofophe même en peut juftifier la conquête.
Cette conquête peut-être détour-
nera d'autres orages. C'eft ce
qui m'a déterminé à offrir cet
Effai particulier de Politique au
public.

L'état

L'état préfent de l'Europe, fournit un fi grand nombre de réflexions politiques que l'on aurait affurément de quoi faire un très gros livre ; mais les détails en ce genre n'appartenant qu'aux Miniftres des Princes & aux Gens de cabinet, il faut leur en laiffer le travail & le fecret. Je me contenterai d'en expofer un précis ; pour qu'ils jugent du rapport qu'il y a entre mes combinaifons & les leurs & qu'ils profitent de quelques unes de mes idées. J'entre en matiere.

Le feu de la guerre allumé en Amérique, mal éteint en Europe, & la fituation critique de la Pologne, fixent aujourd'hui tous les yeux & partagent

A

tous les fentimens. Le parti Royalifte en Angleterre fue fang & eau pour achever une entreprife injufte & mal conçue, malheureufe & cependant pourfuivie avec opiniâtreté; tandis que la France & l'Efpagne qui fe reffouviennent toujours du commencement de la derniere guerre, rient fous cape de la démarche de George III ; & n'attendent que le moment de fe venger. Les Turcs humiliés de leurs défaites; plus lâches que jamais, & toujours fans difcipline , laiffent à découvert un grand empire que les Potentats de l'Europe n'ont qu'à fe partager d'avance entre eux pour être fûrs de le conquérir. La Pologne déja entamée de trois côtés & divifée dans fon centre, par différens partis , fe trouve dans une perplexité & une anarchie dont rien ne pouvait la tirer pour le moment, que

[3]

l'efpece de révolution politique qu'elle
vient d'effuyer, ou la diffolution entiere de fa conftitution politique actuelle.
La Ruffie épuifée par fes faciles & inutiles victoires fur les Turcs ; embarraf-
fée dans fes vaftes projets pour l'agran-
diffement d'un Empire déja trop grand ;
a cherché pendant un tems dans l'alliance de ces mêmes Turcs & des Français, un moyen preffant de fe foutenir
en crédit, & de fe venger du traité
fecret de 1771, de la part des Autrichiens ; mais la politique des Turcs
& celle de la France ne leur permet-
tant point de tomber fi groffierement
dans le piége & de fervir à tort & à travers aux projets immenfes de la Ruffie ;
cette derniere Puiffance a prêté l'oreille
aux propofitions adroites de la Cour de
Vienne & a fait une alliance de garantie
réciproque avec elle ; croyant par-là avoir

A 2

bien mortifié la France , la Pruffe &
la Suede. L'Empereur animé de cet efprit qui fit les conquérans & encou-
ragé par l'exemple du Roi de Pruffe ,
va oublier pour un teins fes autres prétentions , afin de profiter de l'humi-
liation des Turcs & de l'anéantiffement
des Polonois (1). La France incertaine

____

(1) Les Autrichiens s'avancent peu - à - peu
en Moldavie ; en jettant des regards bien
lafcifs fur les deux Provinces. Ils veulent
tout , & ils auront tout , car la derniere alliance de la Cour de Vienne avec celle de
Pétersbourg n'a d'autres objets qu'une invafion plus facile de la Moldavie & de la Valachie. A dire vrai , il ferait beaucoup plus
heureux pour cet infortuné & beau pays qu'il
pafsât fous la domination d'un autre Souverain que d'être dévoré par des Grecs , &
fommis à des Turcs. On donnera bientôt
une hiftoire complette des deux provinces de
Valachie & de Moldavie,

sur le parti qu'elle doit prendre, &
ayant moins à cœur la balance politique de l'Europe que le maintien de
son commerce du levant & la destruction de celui des Anglais en Amérique; s'amuse à pirouetter sur les refor-
mes de ses armées & de quelques - uns
de ses abus civils., en attendant vrai-
semblablement, que l'heure vienne de
se décider en politique. Le Grand Frédéric plus redoutable encore par son
nom & ses victoires passées que par ses
puissantes armées & cette sage économie qu'aucun Souverain n'a jamais si
bien entendue que lui, suit de l'œil
tous ces mouvemens; & indifférent à
l'hommage que lui rend l'une ou l'autre des Cours de l'Europe, pour l'at-
tirer dans son parti; il attend aussi, &
il a raison. Les autres Puissances de
l'Europe du troisieme & du quatrieme

ordre font comme les petites roues d'u-
ne pendule : elles fuivent les mouvemens des grandes avec qui elles ont
plus d'affinité, & par qui elles font en-
traînées. Il eft aifé de difcuter par foi-
même, les intérêts de ces puiffances
fubalternes, & de calculer l'importance & le poids qu'elles peuvent donner
aux grands Corps avec qui elles feront
réunies.

Lorfque le flambeau de la dif-
corde fut apporté par une main fa-
crée au fein de la Pologne ; le Saint
Pere n'avait affurément en vue que l'a-
vancement & le bien de la Religion
catholique ; & lorfque la puiffante Catherine II eut envoyé des troupes foutenir les Diffidens, on ne pouvait l'ac-
cufer de vouloir détroner un Roi ai-
mable & paifible qu'elle avait elle-mê-
me élevé fur le trône. A quel propos

donc les enfans de Mahomet vinrent-ils se mêler de la partie (2)? Pourquoi la France a t'elle risqué en cette occa-

---

(2) Lorsque les Russes parurent sur les bords du Niester, au commencement de la derniere guerre, on reçut à Warsovie un Firman de la sublime Porte dans lequel on demandait, à travers des menaces & un éloge emphatique & pompeux de la Puissance Ottomane, raison de l'entrée des troupes Russes en Pologne. On rit beaucoup à Varsovie de cette impertinence Turque ; & le Prince Repnin fit répondre à un Secrétaire de la Chancellerie de Constantinople, envoyé exprès en Moldavie : *Que puisque l'aparition des troupes Russes sur les bords du Niester épouvantait si fort les Turcs, on les ferait retirer d'un Minnetto*, c'est-à-dire, d'un pas. Cette réponse fut rendue au Divan de Constantinople. Le Grand Seigneur se mit fort en colere, dit l'anecdote Turque, & commanda sur le champ la guerre contre les Russes.

A 4

fion l'honneur & le fantôme d'épou‑
vante de fes alliés Mufulmans, contre
des Ruffes plus rufés que difciplinés.
Il fallait réferver cet épouvantail con‑
tre les Hongrois & les Autrichiens qui
en auraient eu encore longtems peur.
Il faut avouer que la France a été fou‑
vent malheureufe en Alliés ; mais fans
doute le tems eft venu où elle faura
choifir. (La Pologne fur‑tout eft un
exemple). Qui fait même fi le Grand
Fréderic eût imaginé de faire revivre
fitôt fes droits fur ce malheureux pays‑,
& fi la Ruffie y eût confenti de fi
bonne grace, fans les intrigues des Po‑
lonais à la Cour de Verfailles ? ce qu'il
y a de très probable au moins, c'eft
que le Turc ne fe ferait point mêlé
de nos Chrétiennes querelles ; & que
l'Empereur n'aurait point augmenté
fon tréfor de trente millions de piaf‑

tres, & ſes Etats de toute la Pokutie dont une partie formait la meilleure Province de Moldavie.

La partie que les Autrichiens occupent en Moldavie s'appelle Pokutie Moldavienne. Elle confine à la Pokutie Polonaiſe & toutes les deux enſemble, en s'étendant juſqu'à la troiſieme branche du Sereth, autrement le petit Sereth, forment ce qu'on appelle en langue du pays & dans les anciens titres latins *Bogdanica Pokutia;* (du nom de Bogdan fils d'Etienne le Grand Tekiur ou Prince de Moldavie qui fit la conquête de la Pokutie & d'une partie de la Podolie.) L'eſpace qui eſt entre le grand & le petit Sereth où eſt le diſtrict de Bucovina (dans la ſeule partie Moldave s'entend) court de 25 à 30 lieues de France dans une largeur inégale de 3 juſqu'à 20 lieues. Au premier co-partage de la Pologne la Cour de Vienne s'adjugea entre autres Provinces la Pokutie, *Pokutia Bogdanica*, fans faire diftinction de la Pokutie Polonaife d'avec la Pokutie Moldave ; ce qui a donné lieu à l'invafion des Autrichiens en Moldavie. Cette prétention une fois pofée, la Cour de Vienne femblait avoir raifon de ne point vouloir fixer fes limites de ce côté là jufqu'au fecond Sereth ou Sereth mitoyen & de les étendre jufqu'au petit Sereth ; parce que c'eft là pofitivement que finit l'ancienne Pokutie, *Pokutia Bogdanica.*

Vainement on eût propofé aux trois Puiffances co-partageantes de rendre chacune ce qu'elles ont pris en Pologne, pour faire plaifir au Pape, à la France & aux Philofophes ; elles ne l'euffent affurément pas fait. D'un autre côté avoir propofé à la France, à l'Efpagne, à l'Angleterre, à la Hollande, à la Suede, aü Danemark, aux Electeurs, &c. de fe confédérer avec les confédérés, pour forcer en attaquant, les fufdites trois Puiffances à rendre ; c'eft ce que celles-ci n'auraient pu faire, & ce qu'elles n'auraient point fait non plus : chacune de ces Puiffances ayant alors d'autres intérêts à fuivre. Mais la Cour de Ruf-fie, dit-on, fe repentant d'avoir confenti & acquis au partage de la Pologne, propofait d'un côté à la France de fe joindre à elle, aux confédérés & au Roi de Pologne contre les deux co-partageans opiniâtres ; en invitant, du même coup de politique, les Turcs à faire peur aux Autrichiens (3). De

____

(3) On devait rendre à cet effet aux Turcs Kinburn, Kersh & Jenicalé que la Ruffie

l'autre, se méfiant toujours du cabinet de Versailles, & ayant quelques soupçons que les Ministres Français pourraient bien être aussi rusés que les Ministres Russes, elle ménageait le Grand Frédéric & approuvait ses prétentions. Pour moi je suis persuadé qu'en tout cela la Cour de Russie n'avait en vue que la tranquillité du Roi & de la République de Pologne. En effet, il serait bien plus important pour la Russie, que la Pologne fût rétablie en son entier, & que l'Impératrice fût la seule Puissance étrangere qui présí-

---

avait acquis sur la mer Noire, à l'embouchure du Boristhene, par le dernier traité de paix, & où le Sr. Eaton Consul pour la nation Russe vient d'établir un commerce qui par la suite pourra faire grand tort à celui de la France à Constantinople.

dât aux élections des Rois & aux diétes de la république. Mais si la France & les Turcs l'eussent aidé en cela,
ils auraient servi à augmenter sa puissance, sans qu'il leur revînt autre cho-
se que de nouveaux ressentimens de la
part de l'Empereur & du Roi de Prusse. Il n'y avait donc rien de plus avantageux pour la France que de rester
neutre dans cette affaire & d'abandonner la Pologne à sa destinée : car dans
tous les cas, enfin, il eût mieux valu
que cette anarchie infortunée eût
été partagée encore, & puis encore
en trois portions que d'appartenir à
la Russie, ou à l'Empire, ou à ces
deux Puissances en plus grande partie.

La Cour de France avait tant de
raisons de rester neutre en cette affaire,
que de ces raisons seulement on pou-

vait faire un volume (4) ; je ne veux point parler des raiſons morales qui l'obligent à s'occuper aujourd'hui du bonheur de ſes peuples, ſous un jeune Roi doux & ſenſible, entouré de Miniſtres ſages & éclairés. Je ne veux parler que de deux raiſons politiques. La premiere, je l'ai dite. La ſeconde la

---

(4) Elle ſera toujours neutre : ſans doute. Mais ſi la Ruſſie & l'Autriche attaquent le Roi de Pruſſe, il convient alors à la France de réveiller ſes penſionnaires Polonais pour leur donner du courage & leur faire comprendre qu'ils doivent ſe ranger du parti des Puiſſances. C'eſt même le véritable intérêt du Roi de Pologne en ces circonſtances. Car quoique le Roi de Pruſſe menace Dantzig ; les Ruſſes ſont dans Varſovie & y commandent, les Autrichiens n'ont qu'un pas à faire pour entrer dans Cracovie.

voici : le commerce d'Amérique fi pré-
caire aujourd'hui pour les Français &
fujet à de fi grands inconvéniens, tant
que durera la puiſſance Anglaiſe dans
ces parages, peut devenir le plus folide
& le plus grand commerce de cette
premiere nation, par la liberté où ten-
dent les Anglais du nouveau monde.
A peine auront-ils fecoué le joug de
la Métropole qu'ils attireront dans leurs
ports & dans leurs marchés, ceux qui
leur fourniront à meilleur prix. La quan-
tité de manufactures de toute eſpece
que poſſéde la France ; l'induſtrie infatigable de fa nombreuſe population,
& le bas prix de fes denrées comeſti-
bles & manufacturées, donneront à coup
fûr l'avantage aux Français en Amérique. L'Angleterre réduite à des poſ-
feſſions fort minces dans ce nouveau
continent, fera obligée de fe rabattre

fur fon commerce des Indes Orienta-
les qui ne fuffira jamais pour l'enri-
chir. En un mot, fi l'Amérique Anglaife eft libre, la France l'emportera
de beaucoup plus encore fur l'Angleterre dans la balance du commerce &
dans la balance politique de l'Europe.
Par cet événement la nation Françaife
n'aura eu befoin ni de troupes, ni
d'argent pour fe venger des Anglais;
elle n'aura eu qu'à les laifler tranquil-
lement détruire l'un par l'autre, & réferver fes armées pour une occafion
toute à fon profit. Je lui indiquerai
bientôt le moyen d'augmenter fes Etats,
fes revenus & fon commerce; en maintenant toutefois cette balance politique de l'Europe qui eft l'objet princi-
pal de mes combinaifons & de mon
travail.

Mais auparavant examinons fcrupu-
leufement

leufement & fans partialité la puiffance des Ruffes, & comparons cette puiffance avec les autres de l'Europe. Leur Empire n'eft point le plus riche de ceux qui font dans la balance, mais il eft le plus étendu; & le nombre de fes habitans eft évalué à cinq ou fix millions de plus que ceux de l'Empereur & de l'Impératrice Reine emfemble. Or la Ruffie poffède un plus grand nombre d'hommes & peut avoir de plus grandes armées que l'Empereur & la France. On fait que dans la derniere guerre contre les Turcs, fes troupes de terre & de mer circonfcrivaient en fpéculation, un efpace de plus de deux mille lieues. On fait qu'elle peut étendre facilement fes conquêtes fur la Crimée, la Géorgie, la Tartarie indépendante & la Chine; or voilà un champ affez vafte pour contenter l'ambition la plus

B

ourrée : tous les pays que je viens de nommer n'ont que des habitans sans discipline & sans courage. Pourquoi la Cour de Pétersbourg a-t-elle donc tant à cœur d'étendre un bras en Europe & d'y jouer le premier rôle ? n'est-ce pas en ce moment un objet plus louable & plus important de chercher à peupler & à policer un Empire de dix huit cens lieues de longueur sur une largeur de quatre, cinq, jusqu'à douze cens lieues (1) ? ne sera-t-il pas plus glorieux pour Ca-

---

(1) L'exemple du mauvais succès des Colonies d'Astracan & l'histoire de cet établissement peuvent servir pour l'avenir à de meilleures combinaisons en ce genre. On donnera bientôt au public l'histoire de ces Colonies & celle de Pugatchew, ces deux histoires doivent faire époque dans notre siécle.

therine II quand on lira au bas de
fa ſtatue : *Petrus primus incœpit, Ca-*
tharina ſecunda perfecit, que ſi on y
lit : elle a fait trembler l'Europe &
l'Aſie; mais elle a oublié de faire ce
code de loix qu'elle avait tant pro-
mis & pour lequel on l'a tant louée
d'avance. D'ailleurs plus cet Etat ſera
étendu, plus les révoltes & les révolu-
tions y ſeront fréquentes. On y compte vingt-ſept nations différentes, ce
ſont ces nations qu'il faut ſonger à réunir & à policer. C'eſt par des loix ſim-
ples & juſtes que ce grand ouvrage peut
s'opérer. Les Coſaques du Don, ceux
du Faïk, & les Baskires, ceux-là
même qui ont tant contribué à la
rebellion de Pugatchew ne ſeront point
indomptables, quand on employera
la juſtice & la raiſon envers eux &

quand on les incorporera avec des nations moins féroces (6).

Je prie l'augufte Catherine d'excu-
fer ma franchife: mon intention n'eft
point de critiquer fa conduite particu-
liere ni fes projets. Elle peut avoir
des raifons ou des obftacles que j'i-
gnore, mais je fais ufage d'un droit
naturel que tout homme a de parler

---

(6) J'entrevois à-peu-près les raifons qui
retardent la promulgation de ce Code de
loix. Les politiques de Cour en général, ne
peuvent s'oter de la tête qu'un foldat efclave,
ftupide, dévôt, eft meilleur qu'un autre. Les
Suiffes font libres: font-ils donc les plus mauvais foldats de l'Europe? Les Pruffiens ne font
jamais le figne de la croix: font-ils donc toujours
battus? Je fais qu'il y a quelque inconvénient
à donner brufquement la liberté à des pay-
fans Ruffes, Cofaques & Baskires; mais au
moins quelques loix pour commencer.

ou d'écrire, pour montrer aux Souverains leur véritable intérêt & le véritable fentier de leur gloire. Ma hardieffe ne paraîtrait point étrange à un jeune Roi de vingt-deux ans fur les bords de la Seine, qui a défendu déformais à fes Parlemens de perfécuter les écrivains qui ofent, ainfi que moi, élever leurs voix jufqu'au trône. Je reviens à mon fujet.

Après avoir démontré fuccintement que le meilleur parti pour la Cour de Pétersbourg ferait de s'occuper fimplement de l'intérieur de fon Empire; j'ofe lui avancer encore qu'il eft de fon intérêt de rendre fans autre confidération que celle d'une bonne politique, toute la portion qu'elle a prife en Pologne & fur laquelle elle n'avait aucun droit politique quelconque. Par ce moyen elle rendrait fa caufe jufte , & mettrait la Cour de Vienne dans une perplexité abfolue (7). Il eft permis fans doute aux Ruffes de foutenir les Diffidens & la tolérance à main armée ; mais il ne leur était pas permis de dépouiller un Roi qu'ils ont fait & qui pouvait être Roi fans eux. L'exemple des deux autres Souverains n'en devait point être un pour celle qui a dit - on verfé des larmes avant de figner le traité de partage.

Suppofons maintenant que la Ruffie, de bonne grace ou par néceffité, abandonne fes prétentions dominatoires & fa nouvelle acquifition en Pologne ; elle n'en refte pas moins la puiffance la plus vafte & la plus prépondérante

---

(7) Il n'eft plus tems, le vent a changé, & l'orage s'annonce de toutes parts.

du globe ; en ce qu'elle domine également en Europe & en Afie (8). Elle peut même déja faire pencher la balance politique. Que feroit-ce donc fi les Rois de Pologne , les Kans de Crimée , les Hofpodars de Valachie & de Moldavie étaient fes créatures (9).

---

(8) Combien cette remarque eft flatteufe pour les Ruffes ! mais cependant les Pruffiens ni les Suédois ne trembleront pas pour cela. Ce n'eft pas la grandeur d'un Empire qui fait la grandeur du courage & du génie dans les hommes qui l'habitent : une preuve de cela c'eft que les Turcs, les Perfans & d'autres nations Afiatiques ont un grand Empire & fort peu de courage. Si le Roi de Pruffe analyfe une feconde fois les Ruffes à coups de fufils & de bayonettes, on pourrait bien découvrir, ce que je crois, qu'ils ne font pas fi vaillans qu'on penfe.

(9) Sans compter fes prétentions fur la Grece

Ce font toutes ces confidérations enfemble qui m'ont amené aux reflexions
& aux combinaifons que j'expofe.

Le Royaume de Pruffe, quelque terrible que foit le Grand Frédéric, n'eft
pas d'un fixieme auffi vafte que celui
de Ruffie ; beaucoup moins abondant
en hommes que les Etats de l'Empereur & beaucoup moins fécond en
reffources que la France, ou pour

---

au moyen de la même religion ; On fait les
tentatives qu'elle a faites dans l'Archipel,
en Morée, en Epire, en Albanie, &c. Grégoire Ghika, aujourd'hui Prince de Moldavie, a
fait traduire lui-même des mémoires de la
Cour de Pétersbourg en langue Grecque,
pour exciter fes compatriotes à la révolte en
faveur des Ruffes qu'il a trahis enfuite à
leur tour ; afin de faire fa cour aux Allemands qu'il abhorre & qu'il a vraifemblablement déja auffi trahis s'il a pu.

mieux dire, fa puiſſance actuelle n'eſt qu'un effort d'économie & d'activité militaire. Placé entre les Ruſſes & les Autrichiens, il devient naturellement un des grands poids de la balance politique de l'Europe. Il eſt donc néceſſaire de lui donner une importance plus relative & plus ſolide; afin qu'il ſerve de barriere aux Ruſſes d'un côté, aux Autrichiens de l'autre, & à la France d'un appui ou d'un objet de crainte ſuivant les cas. Voici les quatre Puiſſances ſavoir: l'Empire, la France, la Ruſſie, & la Pruſſe qu'il s'agit d'égaler en force; afin de maintenir la balance politique & de laiſſer aux Souverains le tems de s'occuper du bonheur de leurs ſujets.

Qu'on ne s'imagine point d'avance que c'eſt aux dépens des Couronnes d'Angleterre, de Suede, de Danemarck, d'Efpagne de Portugal , de Sardaigne ou de quelques Republiques de l'Europe que je prétende voir augmenter les Etats des quatre Puiffances prépondérantes ; à Dieu ne plaife que je conçoive des idées fi peu politiques & fi peu philofophiques. Non : je vais trouver de quoi remplir l'ambition des quatre principaux Souverains de l'Europe fans qu'il en coute à ceux qui viennent enfuite.

Des bords du Niefter jufqu'au Golfe Adriatique, & des rives du Bofphore jufqu'à celles de l'Euphrate , eft un grand Empire qui appartint autrefois en grande partie à Conftantin. Ce Conftantin était un chrétien comme l'on fait. Perfonne affurément n'a plus de droit à fa fucceffion que les Princes chrétiens. Cet Empire eft foumis aux Turcs. Ces Turcs font les enne-

mis naturels & éternels des chrétiens;
& d'ailleurs les ennemis jurés des arts
& des sciences. Ils traitent avec in-
solence & inhumanité toutes les autres nations de l'Europe. Ces Turcs se
sont laissés battre par les Russes tant
que ceux-ci ont voulu : trente mille
Russes en gros ou en détachement ont
constamment défait deux ou trois cent
mille Turcs. Ces mêmes Turcs se laif-
feront bien encore battre, eh bien ! ce
sont ces mêmes Turcs qu'il faut
attaquer & chasser de l'Europe. C'est
là où l'Empereur, la France, le Roi
de Prusse doivent jeter leurs vues. Mais
avant l'éxecution il faut convenir du
partage & tout ira bien. Pour moi,
voilà ce que je proposerais aux Puiffances co-partageantes. Je conviendrais
de livrer & abandonner à la maison
d'Autriche la Valachie & la Bulgarie

jufqu'aux montagnes du Balkan qui font les frontieres naturelles de la Romélie & de la Thrace ; avec la Servie où eft Belgrade, la Sclavonie & la Bofnie fans y comprendre la ville de Ragufe.

Au Roi de Pruffe, la Moldavie & la Beffarabie ; tout cet efpace entre le Niefter & le Danube jufqu'à leurs embouchures dans la mer Noire ; en paffant par la Pologne mineure, la Ruffie rouge & l'Hatitie dont il aurait un terrain de quinze milles de large ; & en remontant le long de la Pruffe occidentale, par un terrain également de quinze milles de largeur, jufqu'à Dantzik qui ferait auffi partie de fon Domaine. Comprenant d'un autre côté, dans ce même partage, la Courlande & la Samogitie, par la raifon que les pays ci-deffus nommés ne fuffiraient point pour le maintien de la balance politique de l'Europe.

A la France l'Isle de Candie, celle de Chipre, la Morée, le Négrepont & une grande partie des Isles de L'archipel Grec.

Quoique j'aie démontré que la Russie fût des quatre principaux Empires de l'Europe, le plus vaste & eût le plus grand nombre d'hommes; cependant la politique voudrait en ce cas-là, soit pour la dédommager de la cession de la Courlande, soit pour d'autres causes, que cette Puissance s'étendît encore dans la Crimée & occupât tout le pays entre le Boristhene & la mer d'Azof, celui où est situé Oczakow jusqu'à la rive occidentale du Niester & aux frontieres de Podolie.

Il ne serait pas juste, en politique s'entend, que l'Angleterre fût compris

ſe dans ce quadruple partage. Elle poſſéde un ſi grand Domaine ſur les mers
des deux Indes que ce ſerait évidem-
ment la rendre maîtreſſe de tout le
commerce de ce globe que de lui
accorder une part au partage de l'Empire Ottoman. Quant à la Hollande,
il lui eſt inutile d'avoir des poſſeſſions
& des ports dans la méditerranée.
L'induſtrie infatigable de ſes caboteurs
la met dans le cas de faire le commerce indifféremment partout. D'ailleurs
cette Puiſſance n'eſt point en état par
ſa population de former des colonies
dans ces parages méridionaux; & ſes
tréſors ſont aſſez grands pour balan-
cer par leur poids ſeulement l'une des
cinq Puiſſances ci-devant déſignées.

Il ne reſte plus qu'à diſpoſer par
une ſpéculation conſéquente, du reſte
de l'Empire Turc en Europe. Je vois

déja mon Lecteur qui sourit curieux de
savoir à qui je vais l'adjuger. Car enfin si on prend le parti de chasser les enfans de Mahomet de l'Europe & de les
reléguer dans les deux Asies; il faut
bien que Constantinople, la Thrace,
la Macédoine, l'Albanie, la Romélie,
en un mot, tout ce qui fait partie de
l'ancienne Grece, à l'exception de la
Morée, du Négrepont & des Isles Grec-
ques, aient un Souverain particulier;
mais ce Souverain qui peut - il être ?
la République de Venise. Je ne parle
point de ses anciens droits sur Candie
ni de ses autres prétentions politiques;
je ne veux parler que de son voisina-
ge & des rapports suffisans qui sont
entre les Dalmates sujets de la République & les Grecs. On en trouverait parmi ces derniers sans doute,
beaucoup qui prétendraient à la Cou-

ronne de Conftantin ; mais ces triftes
defcendans des anciens Grecs (10) font fi
avilis , fi ignorans , fi fourbes , fi efclaves des Turcs , fi ennemis des autres Européens , que la politique ne
pourrait jamais compter fur eux. Il faut
leur donner un maître qui tienne à
nos

---

(10) J'ai eu le tems de connaître cette nation pour avoir vécu avec elle; mais depuis
que je l'ai connue, je regarde l'hiftoire des
anciens Grecs comme une fable; à moins que
ces Grecs d'aujourd'hui ne foient que les defcendans des efclaves des Grecs d'autrefois;
ce qui pourrait bien être. La preuve qu'on
pourrait en avoir eft qu'ils ne parlent qu'un
patois appellé Grec vulgaire. Très peu favent
la langue littérale Grecque & l'hiftoire de la
Grece. D'ailleurs leur penchant à la fuperfti-
tion , à la baffeffe, à l'avarice , dénote le
caractere véritable des efclaves,

nos mœurs ; & la République de Venife peut mieux qu'aucun autre Gouvernement, par fa politique, fa vigi-
lance, & fur - tout par des loix juftes, réhabiliter ces malheureux , en
nation policée, & les rendre plus di-
gnes de leurs ancêtres , & de leurs
contemporains en Europe.

Qu'on ne s'imagine point qu'en tout
cela j'aie combiné au hazard. Je connais
par les voyages, le féjour & l'expérience, prefque toutes les nations &
les pays dont je parle. Achevons d'é-
tablir les raifons politiques d'un tel
partage, enfuite nous expliquerons les
moyens militaires de parvenir facilement & à peu de frais à exécuter
l'entreprife.

Conftantinople fitué fur le Bofphore de Thrace voit du même coup d'œil
deux continens & deux mers. Son port

devient l'entrepôt naturel des marchan-
-difes de l'Europe, de l'Afie & de l'A-
frique. Son climat délicieux & fon
fol fertile offrent des agrémens & des
reffources ignorés par les autres Européens & dont les Turcs ne favent pas
faire ufage. Le Prince chrétien qui
ajouterait à fon Empire une ville auffi
importante & qui en tirerait tout l'a-
vantage dont elle eft fufceptible, aurait trop de prépondérance fur les autres pour y pouvoir refter tranquille,
ou pour que la balance politique de
l'Europe pût fe maintenir longtems.
Il n'appartient qu'à une faible République, à une Puiffance du quatrieme
ordre de dominer fur le Bofphore,
afin d'y faire fleurir en paix les fcien-
ces, les arts, le commerce & l'agriculture. Cette ville immenfe qui eft
aujourd'hui fi fale & fi mal bâtie,

pourrait devenir alors la plus belle ville du globe. Ses environs embellis par
nos architectes & nos Jardiniers, offri-
raient une fois en réalité les champs
Elisées, si vantés dans nos Poëtes &
dans nos opéras. Le vieux philosophe
& le vieux guerrier, après avoir servi, l'un la raison, l'autre la patrie,
trouveraient dans cet asyle le repos des
Grands Hommes. Mais sans doute la
tolérance, la justice, la liberté de pen-
ser & d'écrire regneraient dans ces beaux
lieux ; car sans cela nul bonheur, nul
succès. La spéculation que je fais, serait vaine pour la société. Il vaudrait
autant que la superbe Bizance gémît
sous l'opression des Ottomans jusqu'à
la dissolution du globe.

Mais j'apperçois quelques Ministres
de la Cour de Versailles qui font des
reflexions sur un pareil projet & qui

s'imaginent y voir la deſtruction tota-
le de leur commerce du Levant. Je
prends la liberté de demander à ces
Miniſtres quel eſt le plus grand commerce des Français dans la Grece, l'A-
ſie mineure, la Syrie & les Iſles du
levant ? Les draps. Combien y a t'il
donc de maiſons Francaiſes de commerce à Conſtantinople ? Douze. Quels
ſont les revenus prodigieux que les coffres
du Roi & de la couronne retirent de tout
ce même commerce ? environ vingt ou
vingt quatre millions de livres tournois
tout au plus. Eh ! qui empêchera les
Français d'aller vendre comme auparavant leurs draps aux Turcs dans la Na-
tolie, la Syrie & le Diaberk ? qui fa-
briquera à meilleur marché les draps
qu'il faudra toujours aux Grecs, quelque ſoit leur habillement ? Le Français:
parce que c'eſt en France que les

moyens de fabrication en tout genre
font plus prompts & plus faciles. Quel-
le eft la nation la plus à portée par
fa fituation & fes ports, de faire le
commerce du levant ? La France. Ainfi
donc la France aura toujours & nécef-
fairement les mêmes avantages de commerce, après l'expulfion des Turcs de
l'Europe comme auparavant, & de
plus elle aura la Morée, le Négrepont, la Candie, l'Ifle de Chipre &
d'autres Ifles où elle établira des comp-
toirs & des colonies laborieufes qui
doubleront à coup fûr fes revenus du
levant, & fourniront un afyle & des
champs à cultiver au furplus de fa
population. Toutes ces confidérations
quoiqu'encore en fpéculation n'en font
pas moins bien fondées : il ne faut qu'une
circonftance & une ferme réfolution de
la part des Miniftres pour les réalifer.

J'ajourerai de plus que Conſtantinople ſoumis à la Regence immédiate des Vénitiens aurait cependant quatre Conſeils différens, compoſés chacun de douze perſonnes : ſavoir celui des Autrichiens, des Français, des Ruſſes, & des Pruſſiens ; leſquels Conſeils décideraient des affaires civiles & criminelles, chacun de leur nation, en rapportant toutefois un extrait de leurs jugemens dans les regiſtres du Grand Conſeil de Regence établi par la Republique. Et en cas de conteſtation quelconque entre deux ou pluſieurs des ſuſdites quatre nations, ledit Grand Conſeil en jugerait en dernier reſſort, ſans qu'on en pût rappeller au Tribunal d'aucun autre Souverain. Bien entendu que les autres nations non deſignées ci - deſſus, n'auraient d'autre Tribunal que celui de la République,

& qu'il n'exifterait à Conftantinople ou dans les autres pays foumis à la Regence de ladite République , aucun privilege exclufif de commerce intérieur ou extérieur ; Chaque nation ainfi que chaque particulier devant profiter librement d'une auffi belle conquête , & ladite République ne devant confiderer ce nouvel état que comme une ferme dont elle devrait compte à toute l'Europe. Par conféquent , ce fera le plus induftrieux , le plus laborieux , ou fi l'on veut le plus heureux commerçant qui l'emportera. Ce ferait d'ailleurs une erreur en politique , fi la France prétendait maintenir autrement fon commerce du levant.

Mais pourquoi dira-t-on , ne pas joindre le Monarque Efpagnol fi intimément lié avec le Monarque Français , & auffi voifin que lui de l'Archipel & de la Grece, à ce traité de co-partage ? par deux raisons très conséquentes : premierement l'étroite alliance de famille entre ces deux Souverains & leur augmentation réciproque de puissance donneraient trop d'ombrage aux autres Potentats de l'Europe. Secondement l'Inquisition, le gouvernement, la paresse & les mœurs des Espagnols ne pourraient être d'aucune utilité à l'agriculture, aux arts, à la philosophie, &c. &c. &c. Qu'ils aillent conquérir l'Empire de Maroc & les Barbaresques de Tunis & d'Alger, & que leur puissance fasse poids dans la balance contre le Portugal.

On sent pourquoi la Suede & le Danemark ne peuvent avoir aucune part à ce co-partage : par leur situation & leur trop grand éloignement. Ces deux Puissances d'ailleurs par leurs intérêts refpectifs fe maintiendront toujours tant que la balance du Nord fera en équilibre avec celle du Midi. La Sardaigne & les Suiffes font dans le même cas. Quant aux autres Princes d'Allemagne & aux petits Etats d'Italie, ils font comme de legers poids dont trois contre deux ne font pas une grande différence. Ceux-là ne peuvent rien prétendre, non plus au co-partage de l'Empire Ottoman. Venons à l'article qui concerne le Roi de Pruffe.

Ce Souverain maître d'un Empire qui s'étendra des bords de la mer Baltique jufqu'à ceux de la mer Noire & coupant du Nord au Sud l'Europe en deux, opofera par conféquent une forte barriere à l'ambition de tous les autres Souverains. Il eft aifé de comprendre l'effet de ma combinaifon politique. La Ruffie ne pourra plus rien prétendre à l'Empire des Grecs ; l'Empereur aura toujours derriere lui un surveillant armé qui le tiendra en échec, & ce même Roi de Prusse soit qu'il agisse seul, soit qu'il ait pour alliés la Russie & la Pologne, trouvera toujours en corps ou en partie l'Empereur, la France & leurs alliés pour resister à ses projets. Mais sans songer, aux combinaisons politiques de l'avenir, disons que ce Grand Roi ami de la tolérance, des sciences & des arts, tirera le plus grand parti des pays spécifiés dans mon co-partage. La Bessarabie lui donnera deux ou trois bons ports sur la mer Noire. La Moldavie dont je parlerai en détail dans un ouvrage à part, lui offrira des campagnes qui n'attendent que la main du laboureur pour devenir le grenier & le verger de son Empire, & des collines qui n'attendent que celle du vigneron pour fournir des vins comparables à ceux de Bourgogne & de Champagne.) Je paffe à l'article qui regarde l'Empereur.

Cinq Provinces dont deux enfemble font prefque auffi grandes que tout le pays qu'occupent les Autrichiens en Pologne , doivent fuffire fans doute aux vues de la maifon d'Autriche. L'embouchure du Danube , les ports de la Bulgarie , le fol fertile de la Valachie & les foins de la tolérance & d'une bonne adminiftration font entrevoir de grandes efpérances pour le Souverain & les nouveaux fujets.

On voit donc par cette combinaifon que l'Empire, la Ruffie & le Roi de Pruffe auront une part immédiate avec les Français, les Anglais, & les Hollandais au commerce de l'Europe , de

l'Afie & de l'Afrique. Ce fera comme je l'ai dit la plus induftrieufe nation qui l'emportera fur les autres. Si
les moyens de commerce ne font point
égaux , il eft des compenfations d'ailleurs qui maintiendront toujours la balance politique ; pour peu que les
Miniftres fe tiennent fur leur garde.

Mais cette balance politique court
rifque de s'attérer fi l'Empire & la
Ruffie prennent racine en Pologne ,
& fi cette anarchie opiniâtre ne chan-
ge pas abfolument de conftitution politique , après avoir englouti peu à peu
ce vafte Royaume , l'une des fufdites
deux Puiffances ou plutôt toutes les
deux d'accord , mineront celui de Pruffe qui fe trouvera fous leur main , &
qui ne fera jamais affez puiffant , quoique co-partageant contemporain de la
Pologne , pour éviter fa deftruction.

Je n'ofe le dire : la Pologne ne peut plus être une République , ou fes éternelles difputes & fes élections de Rois embraferont entierement le refte de l'Europe. Et pourquoi l'Europe doit-elle en être la victime ? Pourquoi les Nobles Polonais veulent - ils un Roi, fans vouloir lui obéir ? pourquoi n'ont-ils point de loix fixes ? ou pourquoi ne fe modelent-ils pas exactement fur la conftitution Anglaife ? c'eft dit - on une République de Nobles , c'eft-à-dire , que ces Nobles fe partagent le pouvoir légiflatif & exécutif, que le peuple eft leur efclave , & que le Roi n'eft que leur vain réprefentant. Si le peuple & la Nobleffe ne font pas fujets immediats du Roi ; comment le Roi pourra t-il affembler des armées & foutenir l'Etat ? fi chaque Noble veut être un Roi quel fera donc le véritable?

Ce Royaume, avant son démembrement comptait neuf millions de sujets environ, y compris deux à trois millions de Juifs. Il faut en distraire aujourd'hui environ dix - huit cent mille individus passés sous la domination de l'Autriche; près de douze cent mille sous celle du Roi de Prusse, & à peu près autant sous celle des Russes. Les possessions de l'Empereur en Pologne y compris les salines, lui rendent annuellement au-delà de huit millions de notre monnoye. Celles du Roi de Prusse y compris les droits payés au Fahrwasser près de Dantzig * cinq millions

---

* Il est entré dans ce Fahrwasser du 1er Juin 1774 jusqu'au dernier Mai 1775,

     537 vaisseaux, en est sorti 616.

Depuis le 1er Juin 1775 } 536 & sorti 549
jusqu'au der. Mai 1776 }

Différence..   67

(plus & moins) ; & celles des Ruffes à peu près quatre millions. Voilà
donc quatre millions de fujets & dix-
fept millions de livres tournois que
la République de Pologne a perdus
par le défordre de fes loix , là défunion
de fes membres & l'étourderie de la
Nobleffe qui au lieu de fe concorder
pour fauver l'Etat , a fait naître elle-
même l'occafion de le détruire.

La confédération de Bar & celles
qui ont précédé paraiffaient (à la France fur tout) devoir produire de bons
effets & ranimer l'ancienne valeur des
Polonais contre des Ruffes plus rufés
que vaillans. Mais ces mêmes Ruffes
fe font toujours défiés eux-mêmes de leur
courage, & quoiqu'ils en impofaffent en
apparence aux nations , ils fentirent que
fans la rufe ils ne réuffiraient point,
& qu'il fallait l'employer dans toutes

les occasions possibles. Ils chercherent donc à se faire un parti parmi les Confédérés mêmes. Le Colonel Caw fut celui qui ménagea le mieux cette intrigue. Il fit mine d'avoir abandonné le parti des Russes en faveur des Confédérés, & il se joignit à eux ; mais ce n'était en effet que pour les faire donner dans le piége, & connaître leurs projets. Dans cet intervalle, le Prince Repnin engageait tous les Nobles qui témoignaient être mécontents du Roi, en leur faisant signer, sous prétexte de maintenir leur liberté & leur Religion, une confédération contre ce même Roi de Pologne que son Impératrice protestait à toute l'Europe vouloir protéger & défendre sans reserve. On présenta l'acte de confédération signé des principaux de la Noblesse au Roi de Pologne qui balançait

çait fur le parti qu'il devait prendre, & qui fut forcé alors d'accepter les propofitions de la Cour de Pétersbourg & de demander fa protection. Les Confédérés Anti - Royaliftes tombés dans le piege & ignorant ce qui fe paffait, fe perfuaderent encore long-tems que le Roi allait être dépofé & continuerent d'agir en faveur des Ruffes ; tandis que les autres Confédérés, en très petit nombre, fe battaient de bonne foi contre ces mêmes Ruffes ; & tandis que la France faifait paffer de l'argent en Pologne, croyant pouvoir mettre un obftacle réel aux entreprifes de Catherine II. La fuite a prouvé combien les efforts de politique & l'argent de la France ont été inutiles dans cette occafion. Et pourquoi ? parce qu'on n'a pas eu affez les yeux ouverts fur les démarches fecretes de la Cour de Pétersbourg. Car il ne faut pas fortir de cette thefe : que la Ruffie connaiffant mieux que les autres nations fon *deficit* en argent, en hommes & en bons foldats, cherche partout les moyens poffibles de paraître grande & d'en impofer.

Le Roi de Pruffe qui connaît mieux que perfonne la Cour de Pétersbourg, la rufe Ruffe, & la gloriole de Catherine II a profité, comme l'on fait, de ce defordre de la Pologne, pour propofer le co-partage, &c. Il a été queftion aujourd'hui de réunir les efprits & de donner à cette monarchie plus de confiftence en conférant au Roi un pouvoir plus abfolu. Prefque tous les Nobles ont paru d'accord fur ce point. La Ruffie, l'Empereur, & le Roi de Pruffe proteftent qu'il eft même de leur intérêt que cela foit ainfi

Mais croira-t-on que la Ruſſie dans tout cela n'a pas encore un deſſous de cartes à jouer? Ces trois Puiſſances ne rendent point ce qu'elles ont pris dans ce Royaume? On ne peut pas même l'eſperer. Alors la puiſſance du Roi de Pologne, quelque deſpote qu'il ſoit devenu, ſera fort peu de choſe. Cinq millions de ſujets dont un tiers de Juifs, leſquels ne ſont ni laboureurs, ni ſoldats, ne fourniront pas une armée au-delà de trente mille hommes. Cette armée ſera toujours mal payée & mal entretenue, parce qu'il reſte très peu de reſſources au Roi de Pologne, après la perte de Dantzik & des mines de ſel.

Mais ſi les trois Puiſſances co-partageantes de la Pologne ſont décidées à y conſerver leurs acquiſitions, en ſouffrant cependant que l'autorité du

Roi, devienne plus monarchique ; & que l'on faſſe des changemens avantageux à la conſtitution civile & politique de l'Etat ; il faut que ces trois Puiſſances conſentent de joindre à ce Royaume démembré, la Valachie & la Moldavie, & que les Nobles Polonais prennent le parti de conférer une autorité plus conſéquente à leur Roi, en rendant la Couronne héréditaire, & en remettant entierement à ſes Tribunaux particuliers & à ſes conſeils permanens toutes ces affaires qui ſont ſi mal diſcutées, & ſi mal terminées dans leurs interminables diétes ; autrement la Pologne, malgré ce calme apparent, ſubira bientôt le ſort dont elle a été menacée. L'Empereur & la Ruſſie vont s'emparer peu à peu du reſte de ce malheureux pays, & empêcheront toujours les Polonais de

lever une armée ; tandis que les Turcs
qu'il ferait mille fois plus raisonnable
& plus profitable d'attaquer, vont refter en paix & avoir le tems de fe re-
mettre.

Que je haïs les Miniftres ou les
particuliers qui au lieu de calculer par
l'intérêt général ne calculent que par
leur propre intérêt ou par un pur efprit de vengeance ! Que je méprife
ceux qui par ignorance ou opiniâtreté
négligent les circonftances favorables
à leur patrie & à l'humanité ! Suppofons que la Pologne ait un Souverain
comme la France, où ferait donc le
grand malheur ? La France eft un pays
policé. N'eft-ce pas fous les Rois qu'elle s'eft policée ! La Pologne eft encore barbare, elle pourra fe policer
entierement fous les fiens , quand
leur héritage fera fixe & quand

ils auront un véritable pouvoir.

Ne pourrait-on pas dire en voyant tous les défordres de la Pologne, que les Nobles Polonais ont été libres trop tôt, & que les Nobles Rufles le feront trop tard ; non , les uns & les autres peuvent arriver également & en même tems au but de la raifon. Il s'agit de s'entendre.

Si par un heureux accident des lumieres de notre fiécle & de quelque bonne combinaifon politique , la Couronne de Pologne devenait héréditaire , & que le Souverain eût une autorité raifonnable & raifonnée ; alors le projet que j'ai propofé ci-devant du partage de l'Empire Turc d'Europe deviendrait , pour ainfi dire , néceffaire & jufte. L'Empereur étendrait fes Etats beaucoup plus avant & beaucoup plus vîte qu'en Pologne. Le Roi de Pruffe se trouverait à-peu-près son égal & concurrent. Rien ne gênerait la Russie dans ses vastes projets de Colonies , de commerce & d'établissemens civils. La France aurait enfin dans le Levant une solidité de commerce qu'elle risque de perdre par d'autres événemens. Encore un coup que cette Puissance ne compte plus sur les Turcs. Il ne faut qu'une occasion favorable à l'Empereur pour s'emparer de tout l'Empire Ottoman en Europe.

Pour prouver combien la destruction de cet Empire est facile , on n'a pas besoin de le représenter comme dégarni de forteresses ; car Chozin , Bender, Giurgew , Siliftrie , Varna , &c. ne font que de vielles fortifications tout au plus du quatrieme ordre. On n'a qu'à se représenter la nation sans discipline & sans courage,

Dans toutes les victoires qu'a rem-
portées fur eux le Feld-Maréchal Com-
te de Romanzow , leur infanterie ne
s'est jamais avancée jufqu'à la portée
du moufquet. Leur cavalerie quelque-
fois feulement eft entrée dans les rangs
des Ruffes, mais avec tant de défordre qu'elle ne faifait jamais qu'un effet
médiocre. Au fecond coup de canon,
une armée de deux cent mille hommes fuyait devant trente mille Ruffes, & ces Ruffes connaiffaient fi bien
à quels ennemis ils avaient à faire,
qu'ils faifaient toujours bonne contenance. Je ne prétends point par là di-
minuer la valeur des troupes Ruffes,
ni le mérite du Feld-Maréchal de
Romanzow auffi eftimable par les qua-
lités charmantes de fon efprit & de fon
cœur que par fes talens militaires.
Mais je ne me crois point obligé non plus

d'exalter la vaillance des Turcs pour rendre le triomphe de leurs vainqueurs plus glorieux. (11) Ce qu'il y a cependant de plus c'eft que fans la bonne contenance des Ruffes contre ces porteurs de Turban , les Hongrois , les Autrichiens , & peut-être tout le refte

---

(11) Non , Monfieur l'Auteur , il n'y a pas grand mérite ni grand courage à battre des Turcs qui n'ont ni canon , ni courage , ni difciple , ni efpions. Tous les Moldaves , les Valaques & les Grecs étaient ceux des Ruffes ; & malgré cela ils n'ont pu prendre ni Siliftrie , ni Varna , deux bicoques qui n'auraient pas tenu deux jours devant des Français ou des Pruffiens. Il faut connaître le détail de cette guerre pour n'être plus fi émerveillé , c'eft ce que les Ruffes cachent tant qu'ils peuvent ; mais il fe trouvera bien peut - être quelque charitable auteur qui nous mettra au fait de tout.

de l'Europe ferait encore dans la ferme croyance qu'ils étaient invinci-
bles.

Il faut tout au plus cinquante mille hommes à l'Empereur pour battre
les Turcs & prendre Bellegrade, Ni-
copolis, Siliftrie & Varna. La Valachie tombera fans efforts, fans coup
férir fous fes loix. Et fi les Bofniaqués
font les plus opiniâtres, vingt mille
Croates leurs plus près voifins & leurs
plus grands ennemis fuffiront pour
les réduire.

Pendant ces opérations trente mille
autres Impériaux & autant de Pruffiens
traverferont le Drim fur les frontieres
de la Servie pour fe joindre aux troupes de la République de Venife, &
entrer enfemble en Albanie & en Macédoine. Les feuls obftacles qu'ils trou-
veront en chemin ce font les mon-

tagnes qui féparent la Thrace de la Romélie ; mais en Juin, Juillet & Août une armée peut les traverfer facilement par divifions. Les Turcs ne font pas plus habiles à garder & à défendre des défilés qu'ils le font à s'en tirer. Et de plus un grand nombre d'Epirotes & d'autres Grecs qui habitent les deux côtés de ces montagnes ferviront volontiers de guides, d'efpions & de vivandiers à ces nouveaux Alexandres qui les viendront délivrer du joug honteux où ils gémiffent depuis fi longtems.

Dans le même tems les vaiffeaux de la France iront effayer aux Dardanelles fi les fortifications de M. de Toit font auffi bonnes qu'on a voulu le faire croire aux Ruffes. Pour moi je penfe que ces mêmes Dardanelles n'empêcheront point les Français d'aller bombarder Conftantinople & de faire une defcente à Galliopolis pour fe joindre aux troupes Impériales, Pruf-fiennes, & Vénitiennes qui auront alors traverfé les montagnes de Thrace & le fleuve Mariza; car tout le fuccès ne dépendra que du concert unanime des parties, foutenu d'une artillerie lefte & fuffifante.

Le Roi de Pruffe de fon côté enverra deux ou trois régimens de cadets pour conquérir la Moldavie & la Beffarabie. Chozim & Bender fe rendront au premier boulet de canon qu'on tirera fur eux. Et le Prince de Moldavie quittera d'abord fon fauteuil rouge & fa longue pipe (12)

___

(12) La fureur de fumer eft fi grande parmi les Turcs & les Grecs qu'elle abforbe entierement chez eux toute autre forte d'occupation.

pour aller baiser le pan de l'habit du premier tambour qui le somme- ra de se rendre. Cette conquête ne fera point crier les Philosophes , ni pleurer les veuves & les orphelins ; c'est de quoi je pourrais répondre.

La Russie aura plus de peine à s'emparer de la Crimée. Il lui faut au moins quinze mille hommes dans ces contrées pour s'en assurer la con- quête.

Mais que vois-je ? le Grand Sei- gneur qui se fâche ; l'étendard de Mahomet qui court les rues de Cons- tantinople ; le Muphti qui feuillete l'Alcoran, & peut être huit cent mil-

---

Je regarde la pipe comme une des causes phi- siques accidentelles de leur paresse & de leur inéptie & comme une des principales causes morales de la destruction de leur Empire.

le hommes fous les armes. Hongrois qui faites fi fouvent le figne de la croix, Pruffiens qui ne le faites jamais & vous Vénitiens qui ne croyez point à l'infaillibilité du Pape, n'ayez point peur. Au fecond coup de canon cette canaille bigarrée va fe précipiter dans le Bofphore & vous laiffer fon étendard, fon Alcoran, fes houris terreftres & fes Ducats d'Hollande.

Quelque férieux que je fois, & quelqu'important que foit le projet propofé, je ne puis m'empêcher d'y mêler de la plaifanterie, quand je fonge que ces mêmes Turcs que l'on peut fi facilement & fi juftement chaffer de l'Europe, en poffédent encore la plus belle partie, & font brufquement plier le dos aux Ambaffadeurs chrétiens qui fe préfentent devant leur Sultan.

La Réplublique de Venife domi-
nant fur le Bofphore entretiendra à
fes frais une armée de cinquante ou
foixante mille hommes, pour tenir
en refpect les Ottomans rélégués en
Afie. La France s'emparera comme
de raifon de la Candie, de l'Ifle de
Chipre, de la Moravie, du Négrepont, & de tout l'Archipel Grec Euro-
péen; les Efpagnols s'établiront à Tunis, Alger & Tripoli s'ils peuvent;
& les Suédois, Danois, Hollandais,
Hambourgeois, enfin tous les vaiffeaux
marchands des nations qui n'ont aucune part au partage, auraient le paffa-
ge franc & un commerce libre dans
tous les nouveaux Etats des Puiffances
co-partageantes. On voit que dans
cet arrangement il eft autant queftion de l'intérêt général des peuples
que de celui des Souverains, car l'in-

térêt des premiers doit être le véritable intérêt des feconds.

Ainfi après avoir conquis & partagé l'Empire de Conftantin, il ne
reftera plus aux fufdites quatre Cours
d'Europe qu'à établir un Gouvernement encore plus folide en Pologne, l'Empire & la Ruffie rendront tout ce
qu'ils ont pris dans ce Royaume; &
le Roi de Pruffe réglera les limites
des pays fpécifiés dans ce nouveau
partage, fur la largeur de quinze
milles. Mais fi par une inconféquence
affreufe de l'aveuglement des hommes
& de leur opiniâtreté ignorante, les
Nobles Polonais refufaient de conférer
le véritable pouvoir monarchique à
leur Roi & de rendre la Couronne
hériditaire, alors je ne métonnerais
plus, fi après avoir partagé l'Empire
Turc d'Europe, ou fans l'avoir partagé,

gé, les quatre premieres Puiſſances co-partageantes s'empareraient du reſte de la Pologne : la France , par des compenſations , du pays de Veſel appartenant au Roi de Pruſſe & du pays de Luxembourg appartenant à la maiſon d'Autriche , & l'Empereur, le Roi de Pruſſe, l'Impératrice de Ruſſie, par un nouveau partage, où Varſovie, Cracovie, Li-tzau , enfin tout le reſte de la Pologne ferait compris; je vous demande alors Meſſieurs les Nobles Polonais, ſi vous iriez dans le Sénat de Pétersbourg , dans les Conſeils de la Cour de Vienne, & de celle de Berlin prononcer votre *liberum voto*. Il n'eſt pas même vraiſemblable que vous fuſſiez admis alors dans aucune affaire de Gouvernement.

Quoiqu'il en ſoit des événemens & des combinaiſons politiques de chaque

E

Cour de l'Europe, il convient à la France, au Roi de Pruffe, à la Suede, aux Suiffes, & au Roi de Sardaigne, de former entre eux une forte alliance offenfive & défenfive : on fait les prétentions de la maifon d'Autriche : on fait les projets de la Ruffie. Il faut opter ou du partage de la Turquie Européenne, reftituant à la Pologne ce que la Ruffie & l'Empire lui ont oté ; ou d'une conceffion unanime de la Moldavie & de la Valachie au Royaume démembré de Pologne ; ou bientôt, fans cela cette même Pologne, le Royaume de Pruffe, la France, la Suede, & les autres Puiffances fubalternes ont tout à craindre de l'ambition des Autrichiens & de celle des Ruffes.

Fin de l'Effai.

www.ingramcontent.com/pod-product-compliance
Ingram Content Group UK Ltd.
Pitfield, Milton Keynes, MK11 3LW, UK
UKHW021002230726
13924UKWH00009B/1139